# BEI GRIN MACHT SICH IHR WISSEN BEZAHLT

AF130165

- Wir veröffentlichen Ihre Hausarbeit,
  Bachelor- und Masterarbeit

- Ihr eigenes eBook und Buch -
  weltweit in allen wichtigen Shops

- Verdienen Sie an jedem Verkauf

Jetzt bei www.GRIN.com hochladen
und kostenlos publizieren

**Bibliografische Information der Deutschen Nationalbibliothek:**

Die Deutsche Bibliothek verzeichnet diese Publikation in der Deutschen National-
bibliografie; detaillierte bibliografische Daten sind im Internet über http://dnb.d-
nb.de/ abrufbar.

**Impressum:**

Copyright © 2015 GRIN Verlag, Open Publishing GmbH
Druck und Bindung: Books on Demand GmbH, Norderstedt Germany
ISBN: 9783668482746

**Dieses Buch bei GRIN:**

http://www.grin.com/de/e-book/369258/vaeter-nicht-in-elternzeit-ergebnisse-aus-
johanna-possingers-dissertation

Veronika Waldenmaier

# Väter (nicht) in Elternzeit? Ergebnisse aus Johanna Possingers Dissertation "Vaterschaft im Spannungsfeld von Erwerbs- und Familienleben"

GRIN Verlag

## GRIN - Your knowledge has value

Der GRIN Verlag publiziert seit 1998 wissenschaftliche Arbeiten von Studenten, Hochschullehrern und anderen Akademikern als eBook und gedrucktes Buch. Die Verlagswebsite www.grin.com ist die ideale Plattform zur Veröffentlichung von Hausarbeiten, Abschlussarbeiten, wissenschaftlichen Aufsätzen, Dissertationen und Fachbüchern.

**Besuchen Sie uns im Internet:**

http://www.grin.com/

http://www.facebook.com/grincom

http://www.twitter.com/grin_com

Eberhard Karls Universität Tübingen

Wirtschafts- und Sozialwissenschaftliche Fakultät

Angewandte Soziologie: Väter in Elternzeit

# Väter (nicht) in Elternzeit

Johanna Possinger: Vaterschaft im Spannungsfeld von Er-
werbs- und Familienleben. „Neuen Vätern" auf der Spur

Hausarbeit im Studiengang M. A. Soziologie an der

Eberhard Karls Universität Tübingen

Wintersemester 2014/2015

Veronika Waldenmaier

Abgabe: 16.03.2015

# Inhaltsangabe

# 1. Einleitung

Väter wollen mehr sein als nur die finanziellen Ernährer ihrer Familie und Verantwortung bei den direkten Sorgearbeiten ihrer Kinder übernehmen. Dieser gesellschaftliche Wandlungsprozess führt vermehrt auch bei Vätern zu einem Vereinbarkeitsdilemma zwischen Beruf und Familie. Als positiver Anreiz zur beidseitigen Beteiligung der Eltern an der Sorgearbeit ihrer Kinder wurde 2007 das Elterngeld mit den Partnermonaten eingeführt. Elterngelt- und Zeit steht allen zu, die sich in einem Arbeitsverhältnis befinden und kann bis zu vierzehn Monate in Anspruch genommen werden (vgl. Bmfsfj 2015: 10). Im Laufe der Jahre stieg die der Anteil der Väter, die sich familienbedingt eine Auszeit von der Erwerbsarbeit genommen haben. Das Erziehungsgeld, welches 2007 durch das Elterngeld abgelöst wurde, nahmen 2006 lediglich etwa 3 Prozent Väter in Anspruch, während 2007 der Anteil bereits auf 15 Prozent gestiegen ist (vgl. Destatis 2008: 1). Bei den 2011 geborenen Kindern betrug die Väterbeteiligung beim Elterngeld schon 27,3 Prozent, während jedoch bei den Müttern der Anteil bei 95 Prozent lag. Trotz dieser positiven Zahlen zeigt sich bei genauerer Betrachtung, dass die Dauer der Inanspruchnahme relativ gering ausfällt, da 77 Prozent dieser Väter lediglich für maximal zwei Monate Elterngeld in Anspruch genommen haben (vgl. Destatis 2013a: 1).

Johanna Possinger untersucht in ihrer 2013 veröffentlichten Dissertation „Vaterschaft im Spannungsfeld von Erwerbs- und Familienleben – „neuen Vätern auf der Spur" die Gründe für den Widerspruch zwischen Wunsch und Wirklichkeit gelebter Vaterschaft. In ihrer qualitativen Studie beleuchtet Possinger aus einer mikrosoziologischen Perspektive heraus, wie sich Väter an der Fürsorgearbeit ihrer Kinder beteiligen und wie sie die Verpflichtungsbalance zwischen Beruf und Familie organisieren und hierbei auftretende Hindernisse bewältigen.

In der vorliegenden Rezension wird Johanna Possingers Studie beschrieben, nach positiven und negativen Aspekten analysiert und ihre wissenschaftlichen Erkenntnisse im aktuellen Forschungsstand eingeordnet und bewertet.

# 1 Inhaltliche Betrachtung

Im Folgenden werden die sieben Kapitel der Studie jeweils thematisch nach „Hinführung" (15-30), „Theorie" (31-100), „Methodik" (101-124), „Ergebnisse" (125-256) und „Schlussfolgerung" (257-281) zusammengefasst.

## 1.1 Hinführung

Johanna Possinger beginnt in ihrer Einleitung mit der öffentlichen Diskussion über die sogenannten „neuen Väter", die sich für die Familie berufliche Auszeiten nehmen und führt einige Studienergebnisse auf, die den Wunsch der Väter nach mehr familiärer Beteiligung untermauern. Nur die Elterngeldnutzung und Befürwortung kann allerdings laut Possinger nicht als Gradmessung für die „neuen Väter" dienen, da im tatsächlichen Verhalten nach wie vor das traditionelle Familienmodell gelebt wird (vgl. Possinger 2013: 15f). Der Anteil der Mütter, die berufliche Auszeiten und Arbeitszeitreduzierungen aufgrund einer Familiengründung in Anspruch nehmen ist deutlich größer als bei den Vätern und auch die unentgeltlichen und familiären Arbeiten sind geschlechtsspezifisch ungleich verteilt (vgl. ebd. 16f). Die väterliche familiäre Beteiligung hängt maßgeblich von der Erwerbsarbeit ab, die sowohl Zeit als auch Energieressourcen limitiert und somit in Konkurrenz zur Familie steht (vgl. ebd. 19). Possinger verweist auf die zentrale Rolle der Arbeitgeber bei der Realisierung „neuer Vaterschaft" und schließt ihre Einleitung mit der Übergreifenden Frage, wie sich Väter im Spannungsfeld von Familie und Beruf verhalten (vgl. ebd. 20).

Als Überleitung und zum besseren Verständnis für ihr Forschungsinteresse geht Possinger im Folgenden auf die bisherigen Forschungsergebnisse ein. Diese zeigen auf, dass sich seit den 1990er Jahren die Vorstellung von Vaterschaft zum einen differenziert und tendenziell modernisiert hat und zum anderen eine aktive familiäre Beteiligung gewollt, aber aufgrund beruflicher oder ökonomischer Nachteile nicht umgesetzt wird (vgl. ebd. 22ff). Possinger kritisiert an der bisherigen Forschung die statische Betrachtung, die sich vorwiegend auf die ersten drei Lebensjahre der Kinder konzentriert. Positiv hebt Sie dagegen die Einbeziehung der strukturellen Barrieren des Arbeitsmarktes hervor (vgl. ebd.: 26f).

2

Hieraus ableitend stellt Possinger ihre acht zu untersuchenden Forschungsfragen vor, denen übergeordnet die erste Frage steht: *„Wie beteiligen sich erwerbstätige Väter im Spannungsfeld zwischen Arbeitsplatz und Familienleben an der Sorgearbeit für ihre Kinder?"* (ebd: 28). Hierbei soll nicht nur die Einstellungs- sondern auch die Handlungsebene berufstätiger Väter eines familienfreundlichen Unternehmens betrachtet werden.

## 1.2 Theorie

Zur Beantwortung ihrer Forschungsfragen geht Possinger in ihrem zweiten Kapitel auf die verwendeten Begrifflichkeiten und theoretischen Grundlagen ein. Possinger verwendet angelehnt an die feministische Care-Forschung statt den schwierig zu definierenden Begriff „Sorgearbeit" das Konzept „Care". Dieses beinhaltet sowohl materiell-indirekte Sorgearbeiten wie die Erwerbsarbeit („care providing") als auch die immateriell-direkte emotionale und körperliche Versorgung der Kindern („caregiving"). Direkte Care-Arbeiten setzten eine emotionale Bindung voraus und können nicht an Dritte ausgelagert werden (vgl. ebd.: 33f / 36f).

Zur Annäherung an die sogenannten „neuen Väter" betrachtet Possinger die verschiedenen Konzepte von Vaterschaft im historischen Verlauf. Die „traditionelle Vaterschaft" zeichnet sich durch eine relativ klare Rollenaufteilung zwischen dem Vater und den indirekten Sorgearbeiten und der Mutter mit allen direkten Care-Arbeiten aus (vgl. ebd.: 43ff). Väter, die sich neben den indirekten Sorgearbeiten auch bei den direkten Fürsorgearbeiten engagieren, werden unter dem Konzept der „generativen Väter" zusammengefasst. Eine Subgruppe dieser generativen Väter kann als egalitäre Väter bezeichnet werden, wenn alle direkten wie auch indirekten Sorgearbeiten symmetrisch zwischen den Eltern aufgeteilt werden (vgl. ebd.: 59ff). Diese Definition egalitärer Vaterschaft kommt laut Possinger den sogenannten „neuen Vätern" am nächsten.

Im Folgenden arbeitet Possinger anhand des aktuellen Forschungstandes Bedingungen und Hindernisse gelebter egalitärer Vaterschaft heraus. So zeigt sich, dass neben innerfamiliärer Einflussgrößen und ökonomischer Kontextbedingungen, wie relative Einkommensunterschiede und berufliche wie betriebliche Hindernisse auch soziale Geschlechterkonstruktionen und wohlfahrtsstaatliche Rahmenbedingungen egalitärer Vaterschaft im Wege stehen (vgl. ebd.: 61ff / 66f/ 72ff /82f). Es lohnt sich laut Possingers genannten Studien dennoch, diese Hindernisse zu überwinden, da sich die väterliche Teilhabe an den Care-Arbeiten sowohl positiv auf die Entwicklung der Kinder als auch auf die Zufriedenheit innerhalb der Partnerschaft auswirkt (vgl. ebd.: 92 - 97).

## 1.3 Methodik

Johanna Possinger entschied sich in ihrer Untersuchung für ein qualitatives und exploratives Forschungsdesign mit leitfadengestützten, teilnarrativen biografischen Interviews. Hierdurch soll gewährleistet sein, dass die persönlichen Relevanzsysteme der Väter sowie ihre sozialen Praktiken, Motive und subjektiven Handlungskonzepte und mögliche biografische Zusammenhänge am ehesten sichtbar werden (vgl. ebd.: 102/ 104).

Possinger bildete zwei Teil-Samples, die sich zum einen aus neun vermeintlichen „neuen Vätern" mit Elternzeiterfahrungen und vierzehn eher „traditionellen Vätern", die die keine Auszeiten aufgrund einer Familiengründung in Anspruch genommen haben, zusammensetzte. Um die Väter bezüglich ihrer beruflichen Rahmenbedingungen besser miteinander vergleichen zu können, wurden alle Befragten aus dem als familienfreundlich zertifizierten Energiekonzern Hetektro AG rekrutiert. Possinger achtet bei ihrer Auswahl darauf, dass die Väter in unterschiedlichen Geschäftsbereichen tätig sind und sich auch bezüglich der Hierarchieebene unterscheiden. Neben der Befragung der Väter führte Possinger noch ein Experteninterview mit der Vorsitzende des betriebsinternen „Arbeitskreis Chancengleichheit" (vgl. ebd.: 107ff).

Nach der Transkription der 2008 durchgeführten Interviews begann Possinger in Anlehnung an das Paradigma der Grounded Theory mit der rekonstruktiven Analyse. Anhand des integrativen, texthermeneutischen Analyseverfahrens wurde jedes Interview im Rahmen einer interdisziplinären Analysegruppe einzeln ausgewertet (vgl. ebd.: 114). Nach dem Vergleich der Sequenzanalysen versuchte Possinger mithilfe einer Analysesoftware unterschiedliche Typen zu bilden (vgl. ebd.: 119ff).

## 1.4 Ergebnisse

Johanna Possinger geht in drei Kapiteln auf ihre empirischen Ergebnisse ein, die jeweils nach thematischen Sinneinheiten geordnet sind. Die aus der Befragung gewonnenen Erkenntnisse werden zum einen mit dem aktuellen Forschungsstand verglichen und zum anderen anhand von Fallbeispielen verdeutlicht. Aufgrund des großen Umfangs von 130 Seiten Ergebnispräsentation, kann an dieser Stelle nur eine skizzenhafte Darstellung Possingers Erkenntnisse erfolgen.

Der erste Teil der Auswertung geht der Frage nach, wie sich Väter an der Fürsorgearbeit ihrer Kinder beteiligen (vgl. ebd.: 125). Auf der Einstellungsebene hat sich das normative Leitbild fürsorglicher Vaterschaft dahingehend verändert, dass neben der ökonomischen Absicherung der Familie auch indirekte Care-Arbeiten unerlässlich sind und eine generative Vaterschaft erwünscht ist (vgl. ebd.: 131). Allerdings zeigt sich bei Betrachtung der Care-Arrangements im Lebenslauf der Väter, dass meist dennoch eine (Re)-Traditionalisierung der geschlechtlichen Arbeitsteilung bei der Geburt des ersten Kindes stattfindet, die auch eine genommene Elternzeit nicht „verhindern" kann (vgl. ebd.: 139). Possinger stellte fest, dass sich die Väter, die zuvor Elternzeit in Anspruch genommen hatten, im Alltag bezüglich der Care-Arbeiten nicht mehr von den eher „traditionellen" Vätern unterscheiden. Folglich stellt die genommene Elternzeit kein geeignetes Kriterium für „neue Vaterschaft" dar (vgl. ebd.: 181).

Der zweite Auswertungsteil beschäftigt sich mit der Frage, wie die eher traditionell gelebten Care-Arrangements zustande kommen, obwohl sich die Väter eine tendenziell egalitäre Lösung wünschen? Hierbei spielen innerfamiliäre, wirtschaftliche und betriebliche Faktoren die entscheidende Rolle bei der Verteilung der Care-Arbeiten (vgl. ebd.: 183). Die meisten der befragten Männer verdienen mehr als ihre Partnerinnen und entscheiden rational, bezogen zu den Opportunitätskosten, über die Verteilung der Elternzeit. Trotz egalitärer Ansprüche ist für viele der Befragten die Versorgung von Kleinkindern und die Haushaltstätigkeiten der natürliche Zuständigkeitsbereich von Müttern. Die Gleichheitsrhetorik bezieht sich vielmehr auf die beidseitige Erwerbsbeteiligung (vgl. ebd.: 185).

Die traditionellere Arbeitsteilung kann zusätzlich durch Mütter verstärkt werden, wenn diese durch das sogenannte „gatekeeping" die väterliche Fürsorgearbeit verwehren (vgl. ebd.: 190). Auf der betrieblichen Ebene können die familienbewussten Angebote durch das Betriebsklima und der Unternehmenskultur mit den dazugehörigen informellen Normen und Einstellungen untergraben werden. Es ist stark kontextabhängig, inwieweit die befragten Väter bei ihren familiären Bedürfnissen unterstützt werden und keine informellen Sanktionen erfahren müssen (vgl. ebd.: 219).

Die Umsetzung des „New Male Mystique", also die Vorstellung, sowohl beruflich erfolgreich als auch ein hoch involvierter Vater zu sein, scheitert meist im Alltag durch die begrenzten Zeit- und Energieressourcen (vgl. ebd.: 225). Nahezu alle befragten Väter stehen vor einem starken Vereinbarkeitsdilemma und können ihr gesetztes Fürsorgeideal nicht erreichen, was mit psychischen Belastungen, Schuldgefühlen oder Ängsten einhergehen kann (vgl. ebd.: 239f). Aus diesem Grund geht Possinger im dritten Teil der Auswertung auf unterschiedliche Bewältigungsstrategien der Väter bezüglich der Vereinbarkeitsproblematik ein. Ein Teil der Väter versucht die Belastung zu vermeiden, indem sie einen Rückbezug zu der traditionellen Rollenaufteilung vornehmen, Fürsorgearbeiten in die Zukunft verschieben oder weitere Kinderwünsche nicht realisieren (vgl. ebd.: 242ff). Andere Väter betreiben dagegen aktives „Grenzmanagement" beziehungsweise eine „Verbetrieblichung" des Alltags, um sowohl im Beruf als auch in der Familie die Zeit möglichst effizient zu nutzen (vgl. ebd.: 248ff). Die letzte Strategie besteht darin, sich in der Erwerbsphäre klar von den betrieblichen Präsenzerwartungen abzugrenzen, familienbewusste Strukturen zu fördern und aktiv Freiräume für die Familie zu schaffen (vgl. ebd.: 245f).

## 1.5 Schlussfolgerung

In ihrer Schlussbetrachtung erläutert Possinger erneut ihre gewonnenen Ergebnisse in Bezug auf ihre Forschungsfragen. Aufgrund vieler Wiederholungen wird an dieser Stelle nur auf Possingers Aushandlung über die „neuen Väter" sowie auf ihre eigene Kritik eingegangen.

Possinger stellte durch ihre Arbeit fest, dass der Begriff „neue Väter" schwer zu definieren und zur Beschreibung von sich verändernder Vaterschaft unbrauchbar ist. Zwar zeigte sich, dass auf der Einstellungsebene alle befragten Männer der Kategorie „neu" zugehörig wären, sich ihre alltägliche Praxis jedoch davon unterscheidet. Auch das Kriterium der genommenen Elternzeit sagt nichts darüber aus, wie die Care-Arbeiten zwischen den Eltern sowohl kurz- wie auch langfristig aufgeteilt werden. Klar scheint nach Possinger lediglich zu sein, dass eine Rückkehr zum klassischen traditionellen Familienmodell von beiden Geschlechtern abgelehnt wird und die untersuchten Väter ein generatives Care-Arrangement anstreben. Auch wenn schon Elemente dieser neuen Vaterschaft gelebt werden, fordert Possinger für die weitere Entwicklung hin zu egalitären Modellen, dass Väter mehr in den Fokus gesetzt werden müssen. Sie stellt sich die Frage, wie den Vätern, bezogen auf die bestehenden strukturellen Rahmenbedingungen, Zeit für Care-Arbeiten bleiben soll beziehungsweise ermöglicht werden könnte. Um die Vereinbarkeit zwischen Beruf und Familie für Väter zu erleichtern, muss demnach der Arbeitsmarkt noch familienfreundlicher gestaltet werden (vgl. ebd.: 277ff).

Abschließend beschäftigt sich Possinger noch kritisch mit ihrer eigenen Arbeit und zeigt Verbesserungsmöglichkeiten auf. Aufgrund der kurzen Zeitspanne zwischen Einführung des Elterngeldes 2007 und der Datenerhebung 2008 fällt ihr Sample dementsprechend relativ gering aus. Zudem führt die Hinzunahme von Vätern, die vor 2007 berufliche Auszeiten in Anspruch genommen haben, zu weiteren methodischen Beschränkungen.

Für die zukünftige Forschung empfiehlt Possinger unter anderem die Betrachtung mehrerer unterschiedlicher Unternehmen, Branchen, Regionen sowie den Einbezug der Aspekte Migration, Milieu und Sichtweisen der dazugehörigen Partnerinnen und Kinder. Insbesondere sollte die Zeitspanne nach der Elternzeit genauer erforscht werden, da hierbei ebenfalls Aushandlungen bezüglich der partnerschaftlichen Arbeitsteilung aufkommen. Zudem geht Possinger davon aus, dass die Betrachtung der Mechanismen des Grenzmanagements zur Vereinbarung der Familien- und Erwerbssphäre aufschlussreich wäre (vgl. ebd.: 279ff).

## 2 Rezensierende Betrachtung

Insgesamt ist Johanna Possingers Untersuchung stringent aufgebaut, umfangreich und schlüssig. Um das Vereinbarkeitsdilemma im Allgemeinen zu lösen, ist es hilfreich, dass zunehmend auch Väter und deren Schwierigkeiten in den Fokus der Wissenschaft genommen werden und Possingers Arbeit trägt hierzu positiv bei. Durch die Einarbeitung anderer Forschungsergebnisse wird die Thematik umfassend und verständlich dargelegt. Interessant an dieser Studie ist unter anderem der nahe Untersuchungszeitpunkt zur Einführung des Elterngeldes. Dies lässt die Vermutung aufkommen, dass sich die Situation der Väter hierdurch merklich verbessert haben könnte. Possinger beendete ihre jeweiligen Kapitel mit einem Zwischenfazit, was sehr zur Verständlichkeit ihres Vorgehens beiträgt.

In der Detailbetrachtung der Arbeit ergeben sich dennoch einige Aspekte, die zu diskutieren und eventuell zu verbessern sind. Allgemein sind die relativ vielen Wiederholungen auffällig, die sich durch die mehrmalige Darlegung der Forschungsergebnisse sowie der Zusammenhänge zwischen Theorie und Ergebnisse ergeben. Im Folgenden wird Possingers Arbeit anhand der beschriebenen Abschnitte konsistent analysiert und abschließend bewertet.

### 2.1 Betrachtung der Hinführung

Das erste Kapitel verschafft dem Leser einen sehr guten Überblick zur Problematik der Väter, die sich vermehr an der Sorgearbeit ihrer Kinder beteiligen möchten. Jedoch zeigt sich direkt zu Beginn der Einleitung ein widersprüchlicher Aspekt, der sich weiter durch die Arbeit zieht. Obwohl Possinger kritisch darauf verweist, dass weder die Nutzung des Elterngeldes noch eine egalitäre Einstellung als Gradmesser „neuer Vaterschaft" dienen kann, untersucht sie genau nach diesem Kriterium die vermeintlich „neuen Väter" (vgl. ebd.: 16 / 107/ 181/ 277). Es stellt sich die Frage, wieso Possinger das gleiche Vorgehen von anderen Untersuchungen übernimmt, wenn sie diese als ungeeignet einstuft? Schade ist auch, dass zwar Possinger an anderen Studien feststellt, dass der meist gewählte Betrachtungszeitraum der ersten drei Jahre nach der Geburt eines Kindes väterliche Fürsorge nicht umfassend abbilden kann, aber selbst hierauf in ihrer Arbeit keinen Fokus legt (vgl. ebd.: 26). Zwar ergab sich auf-

grund der Sampleschwierigkeit bei den „neuen Väter" die Möglichkeit, Väter mit
älteren Kindern einzubeziehen, jedoch war dies mehr Zufall als Planung (vgl.
ebd.: 110).

Hervorzuheben ist dagegen, dass Possinger die an anderen Untersuchungen
gelobten betrieblichen wie auch beruflichen Rahmenbedingungen ebenfalls in
ihre Forschung mit einbezieht (vgl. ebd.: 26). Gliederungstechnisch wäre es
übersichtlicher gewesen, wenn Possinger ihre zu untersuchenden Forschungsfragen in einem eigenen Unterkapitel herausgearbeitet hätte. Der fließende
Übergang zwischen bisheriger Forschungen und ihrer eigenen Arbeit kann ver-
wirrend sein. Dennoch wird die Wichtigkeit dieser Thematik und der weitere
Aufbau der Untersuchung durch die Hinführung deutlich.

## 2.2  Betrachtung der Theorie

Die Darlegung der theoretischen Grundlagen mit den Kapitelnummern zwei ist
sehr umfassend, jedoch aufgrund der Einarbeitung weiterer Forschungsergebnisse nicht unbedingt strukturiert und klar aufgebaut. Possinger definiert zu-
nächst elterliche „Sorgearbeit", anhand dessen unterschiedliche Vaterschafts-
konzepte erläutert werden. Obwohl an verschiedenen Stellen kritisiert, gelingt
auch Possinger keine klare Definition der „neuen Väter" (vgl. ebd.: 15/ 26).
Problematisch hieran ist, dass der Begriff der „neuen Väter" die zentrale Rolle in
dieser Untersuchung einnimmt und dennoch bis zum Schluss schwammig erläutert bleibt (vgl. ebd.: 60/ 277). Theoretisch wie auch methodisch ist das Konzept der „neuen Väter" schwer zu erfassen, jedoch kann unterstellt werden,
dass der Suche hiernach einer Definition unterliegt. Zwar wird auf das egalitäre
Konzept von Vaterschaft nach Gerson verwiesen, welches den „neuen Vätern"
am nächsten kommen sollte (vgl. ebd.: 61). Jedoch geht Possinger nicht weiter
darauf ein, welche Unterschiede Sie zwischen den beiden Konzepten sieht oder
vermutet. Wenn egalitäre Eltern sich sowohl die direkten wie auch indirekten
Care-Arbeiten symmetrisch untereinander aufteilen, stellt sich die Frage, wie
dann die gesuchte „neue Vaterschaft" aussehen sollte? Diese Frage kann bis
zum Schluss dieser Arbeit nicht klar beantwortet werden.

## 2.3 Betrachtung der Methodik

Im dritten Kapitel geht Possinger auf ihr gewähltes Methodendesign ein und beschreibt ihr Vorgehen von der Leitfadenentwicklung bis hin zur Auswertung der erhobenen Daten. Da Possinger sich nicht mit der Frage beschäftigt, ob Väter sich an der Fürsorgearbeit ihrer Kinder beteiligen sondern tiefergehend die Thematik in Bezug auf „wie" und „weshalb" behandeln möchte, stellt das explorative, qualitative Forschungsdesign die passendste Methode dar (vgl. ebd.: 101). Das teil-narrative Erhebungsverfahren ermöglicht sowohl dem Befragten freies Erzählen als auch Schwerpunktsetzungen durch den Interviewer. Durch die biografische Interviewausrichtung konnte Possinger zusätzliche Informationen bezüglich der Herkunft bestimmter Vorstellungen zu Vaterschaft generieren (vgl. ebd.: 104). In der späteren Auswertung zeigte sich in der Tat eine starke Abgrenzung der Befragten zu ihren Herkunftsvätern. Viele der Väter aus beiden Teil-Samples wollen sich bei ihren Kindern bewusst mehr engagieren, als sie es selbst erlebt hatten (vgl. ebd.: 129f). Schon diese Erkenntnis kann ein Indiz für sich verändernde Vaterschaft darstellen.

Ebenfalls positiv hervorzuheben ist die interdisziplinäre Zusammenarbeit bei dieser Untersuchung, die sowohl bei der Erstellung der Leitfäden als auch bei der späteren Auswertung in unterschiedlicher Zusammenstellung erfolgte (vgl. ebd.: 105/ 114). Durch die Hinzunahme anderer Fachrichtungen wird die Thematik aus verschiedenen Blickwinkeln heraus behandelt. So können ganz neue Facetten und Fragen zum Vorschein kommen, die eine einzelne Person nicht unbedingt hervorbringen kann. Dieses Vorgehen ist für eine Forschungsarbeit sehr gewinnbringend, da hierdurch nicht nur die Validität sondern auch die Nachvollziehbarkeit der Ergebnisse gesteigert wird.

Die Entscheidung ein als familienfreundlich zertifiziertes Unternehmen als Rekrutierungsfeld zu wählen war sehr gut. So können zum einen die betrieblichen Unterstützungsangebote und Modelle, aber auch vorhandene Schwierigkeiten analysiert werden. Um die subjektiven Erfahrungen der Befragten zu objektivieren, war die Hinzunahme eines Experteninterviews sehr sinnvoll (vgl. ebd.: 108f).

Wie bereits zu Beginn kritisiert ist die Sampleauswahl nicht unbedingt nachvoll-ziehbar. Possinger kritisiert die gängige Aufteilung der „neuen" und „traditionel-len" Väter nach dem Kriterium der Elternzeitnutzung, übernimmt diese jedoch ohne Anmerkung in ihrer eigenen Arbeit (vgl. ebd.: 107). Selbst wenn Argumen-te wie eine bessere Vergleichbarkeit oder schlicht die Alternativlosigkeit diese Kategorisierung begründen, müsste sich Possinger hierzu erklären (vgl. ebd.: 28). Auch wenn letztendlich nicht nur Elternzeitnehmer zu den „neuen Vätern" zählen, sondern all jene, die sich aufgrund ihrer Familie beruflich zurück ge-nommen haben, bleibt weiterhin die Verbindung zwischen „Auszeit" und „neuer Vaterschaft" bestehen (vgl. ebd.: 110).

Ziel dieser Arbeit war unter anderem herauszufinden, wer die sogenannten „neuen Väter" sind und was sie ausmacht (vgl. ebd.: 16 / 107/ 181/277). Hierfür wäre jedoch methodisch eine Einteilung in zwei Samples nicht nötig gewesen, da sich erst im Nachhinein herausstellen kann, wie die tatsächlichen Care-Arrangements getroffen wurden. Erst dann macht eine Einteilung in tendenziell „traditionellere" und „neuere" Väter sowie deren Analyse Sinn. Auch für die Un-tersuchung der Frage, wie sich berufstätige Väter an den Care-Arbeiten ihrer Kinder beteiligen, wäre ein gemeinsames Sample mit einem Leitfaden ausrei-chend gewesen.

Auch bezüglich der Samplegröße fallen einige sich widersprechende Aspekte auf. Während Possinger in der Erhebungsphase eine theoretische Sättigung feststellte und daraufhin die Akquise weiterer Interviewpartner beendete, ver-weist sie in ihrem Schlussteil kritisch auf die zu geringe Samplegröße (vgl. ebd.: 109/ 279). Dies begründet sie im Schlussabschnitt allerdings nicht durch die erreichte Sättigung, sondern mit Akquiseschwierigkeiten aufgrund der geringen Zeitspanne zwischen Elternzeiteinführung 2007 und der Erhebung 2008. Diese Argumentation ist jedoch nicht verständlich, da ohnehin neben Elternzeitnutzer auch Väter mit anderweitigen Arbeitsreduzierungen in die Analyse einbezogen wurden. Zudem stellt sich die Frage, welche weiteren Ergebnisse durch ein größeres Sample generiert werden sollten, wenn Possinger bereits sich wieder-holende Inhalte feststellte? (vgl. ebd.: 109). Insgesamt sind Possingers Erläute-rungen zur Samplezusammensetzung nicht überzeugend.

Recht kritisch ist auch Possingers Familienverständnis, welches sie mit folgender Aussage deutlich macht: *„Die überwiegende Mehrheit der Befragten lebt in erster Ehe mit der Mutter der gemeinsamen Kinder in einem Haushalt zusammen [...] Die meisten Kinder, deren Väter im Rahmen der Studie befragt wurden, leben somit in einer intakten Familie mit beiden Elternteilen zusammen"* (ebd.: 113). Sind demnach dann alle weiteren Familienformen nicht intakt? Und was sagt eine Ehegemeinschaft beziehungsweise lediglich die „erste" Heirat über die „Qualität" einer Familie aus? Laut statistischen Bundesamtes leben somit 2013 etwa 30 Prozent der minderjährigen Kinder in keinen intakten Familien (vgl. Destatis 2013b: 121). Nach Possinger können somit alle nicht „traditionellen" Familien, wie etwa alleinerziehende, nicht-verheiratete beziehungsweiße mehrfach-verheiratete oder gleichgeschlechtliche Elternpaare, keinen „intakten" Zustand erreichen. Gerade in Bezug auf die Thematik dieser Arbeit, die Suche nach dem „neuen" und damit „moderneren" Vater, ist Possingers Familiendefinition zu kritisieren.

Sehr gut sind dagegen die gewählten Auswertungsmethoden, die eine intensive Auseinandersetzung mit dem Material erfordern und hierdurch einen hohen analytischen Output generieren können.

## 2.4 Betrachtung der Ergebnisse

Da sich Possingers methodische Vorgehensweiße nicht stark von der bisherigen Forschung unterscheidet, sind die übereinstimmenden Ergebnisse wenig überraschend. Jedoch sind die abgeleiteten Ergebnisse dieser Untersuchung ohne die zugrundeliegenden Transkripte nicht beurteilbar und auch die einzeln aufgeführten Zitate ermöglichen keinen sinnvollen Rückschluss.

Die Einteilung der Ergebnisse nach Sinneinheiten macht aufgrund der Fülle an Informationen Sinn und trägt auch positiv zum Verständnis bei. Allerdings arbeitet Possinger auch in diesem Abschnitt viele andere Forschungsergebnisse ein, was zum einen irreführend aber auch aufgrund der Wiederholungen unnötig ist. Hierdurch ist nicht mehr klar ersichtlich, welche Erkenntnisse durch die Untersuchung gewonnen wurden, da diese in der „Informationsflut" von 130 Seiten leicht untergehen. Auch wenn der Ansatz, jeden Aspekt dieser Thematik abdecken und belegen zu wollen, gut gemeint ist, wird hierdurch deutlich, dass nur wenig neue Erkenntnisse durch Possingers Untersuchung generiert worden sind. Um die Übereinstimmung der Erkenntnisse aufzuzeigen, werden im Folgenden einige von Possingers Ergebnissen mit dem von ihr dargestellten Forschungsstand verglichen.

Der dargestellte Einstellungswandel von Vätern, die sich zunehmend generativ in die Familie einbringen möchten, wurde bereits mehrfach festgestellt (vgl. Possinger 2013: 22f). Ebenso die Tatsache, dass dennoch eine (Re)-Traditionalisierung der geschlechtlichen Arbeitsteilung bei einer Familiengründung stattfinden (vgl. ebd.: 133). Überraschend ist jedoch Possingers Erkenntnis, dass es bezüglich der (Re)-Traditionalisierung keinen Unterschied macht, ob die Väter Elternzeit genutzt haben oder nicht (vgl. ebd.: 139/ 181 / 265). Die traditionellen Care-Arrangements werden durch unterschiedliche Einflussfaktoren befördert. Auch hier stimmen die aus dem untersuchten Sample gewonnenen Erkenntnisse mit den dargelegten Ergebnissen aus dem Theorieteil überein (vgl. ebd.: 184-219/ 62-91). Interessant sind jedoch die entwickelten Bewältigungsstrategien der untersuchten Väter, die sich aus dem Vereinbarkeitsdilemma zwischen Beruf und Familie entwickelt haben (vgl. ebd.: 242 ff). Bestätigende Ergebnisse stellt kein Kritikpunkt dar sondern zeigt vielmehr auf, dass sich die Erkenntnisse in unterschiedlichen Forschungsfelder nachweisen lassen. Bedeutsam sind Possingers Ergebnisse dennoch, da sie aus einer mikrosoziologischen Perspektive heraus entstanden sind.

## 2.5 Betrachtung der Schlussfolgerung

In ihrem Resümee geht Possinger erstmal wiederholend auf ihre Untersuchung und gewonnenen Ergebnisse ein, um anschließend die einzelnen Forschungsfragen zu erörtern.

Possinger stellt nach ihrer Betrachtung der unterschiedlichen Care-Arrangements fest, dass in beiden Teil-Samples Muster der traditionellen, partnerschaftlichen und egalitären Generativität rekonstruiert werden konnten. In dieser Untersuchung besteht demnach kein Zusammenhang zwischen genommener Elternzeit und Ausmaß der väterlichen Beteiligung. Folgerichtig stuft Possinger ihre eigene Benennung der Teil-Samples rückblickend als „falsch" ein (vgl. ebd.: 265). Weitreichender als die Eigenkritik bezüglicher der Benennung wäre ein kritischer Verweis auf die Zusammenstellung der Samples. Obwohl Sie kein Sampleunterschied bezüglich des Ausmaßes Väterlicher Beteiligung feststellte und demnach Elternzeit als Indikator für „neue Vaterschaft" wegfällt, merkt Sie nun dennoch an, dass „Elternzeit-Väter" engagierter seien (vgl. ebd.: 266). Ohne zugrundeliegendes Datenmaterial kann diese Schlussfolgerung nicht nachvollzogen werden, sie steht jedoch im Widerspruch zur meist festgestellten Traditionalisierung der Arbeitsteilung im Sample.

Nach Possinger wirkt sich genommene Elternzeit langfristig positiv aus, was plausibel ist. Aufgrund der „Übungsphase" in der Elternzeit fällt es diesen Vätern insgesamt einfacher, Care-Arbeiten zu übernehmen. Nicht schlüssig ist dagegen Possingers Ableitung, dass Elternzeit ein geeignetes Instrument sei, welches erst die Voraussetzung für partnerschaftliche oder egalitäre Arbeitsteilung schaffe und den Familienalltag vereinfache. Da in beiden Teil-Samples traditionelle bis egalitäre Care-Arrangements festgestellt wurden, ist diese Aussage nicht verständlich. Die widersprüchlichen Angaben werden im abschließenden Resümee erneut deutlich. Hier verweist Possinger darauf, dass genommene Elternzeit nichts darüber aussagt, wie in den Familien tatsächlich die Arbeitsteilung ausfällt (vgl. ebd.: 277).

Um zukünftig partnerschaftliche bis egalitäre Care-Arrangements zu fördern, müsste laut Possinger die Situation der Väter genauer betrachtet und mithilfe politischer und betrieblicher Maßnahmen erleichtert werden. Da für viele Männer nach wie vor Erwerbstätigkeit den Kern väterlicher Fürsorgearbeit ausmacht, sollte der Arbeitsmarkt familienfreundlicher gestaltet werden. Wie dieser sicherlich förderliche Wandel erreicht werden soll, wird durch Possinger nicht weiter erläutert. Auch wenn Betriebe und Unternehmen sich zunehmend familienfreundlicher ausrichten, wird laut Possinger die väterliche Teilhabe an der Familie erschwert, sodass ihnen nur ihre freie Zeit für direkte Care-Arbeiten bleibt (vgl. ebd.: 279). Diese Aussage unterstellt den Vätern eine Handlungsunfähigkeit, da sie aufgrund der äußeren Rahmenbedingungen in die traditionellere Vaterrolle gedrängt werden. Wie schaffen es dann einige Väter die Care-Arbeiten partnerschaftlich oder egalitär mit den Müttern zu teilen? Auch wenn

Väter in dieser Untersuchung im Mittelpunkt stehen, ist doch fraglich, wer die Sorgearbeiten übernehmen soll, wenn beide Elternteile Erwerbsarbeit als Teil ihrer Elternrolle verstehen? Das Vereinbarkeitsdilemma betrifft beide Geschlechter gleichermaßen, was an dieser Stelle hervorgehoben werden sollte. Possingers Aussagen suggerieren zudem, dass es logisch und legitim sei, wenn Väter sich noch zu wenig familiär beteiligen, da sie durch ihr Vaterkonzept an die Erwerbsarbeit und somit zeitlich gebunden sind. Die Lücke zwischen Wunsch und Wirklichkeit gelebter Vaterschaft hieran festzumachen, wäre zu einfach.

Letztlich wäre bezogen auf die äußeren Rahmenbedingungen eine ganzheitliche Betrachtung der Problematik notwendig, die sowohl Eltern, Väter und Mütter, alleinerziehende Elternteile sowie gleichgeschlechtliche Eltern einbezieht.

## 3 Fazit

Johanna Possingers qualitative Forschungsarbeit betrachtet das Vereinbarkeitsdilemma zwischen Familie und Beruf aus einer recht neuen aber vor allem wichtigen mikrosoziologischen Perspektive heraus. Väter zunehmend in den Fokus zu nehmen und ihre Bedürfnisse sowie Schwierigkeiten zu untersuchen, ist in Anbetracht der seit langem etablierten Frauenforschung längst überfällig. Die Studie zeigt deutlich auf, dass sich Vaterschaft auf der Einstellungsebene im Wandel befindet, jedoch noch zu wenig gelebt und „ermöglicht" wird. Die gehinderte Umsetzung kann jedoch nicht lediglich an den betrieblichen und politischen Rahmenbedingungen festgemacht werden. Vielmehr müssen Väter weiterhin ermutigt werden, ihre Vorstellung von Vaterschaft zu leben. Hierbei sind weitere politische Fördermaßnahmen sicherlich hilfreich, eine geschlechtsspezifische Unterscheidung wäre bezüglich der egalitären Arbeitsteilung jedoch nicht angebracht. Es sollten Müttern und Vätern gleichermaßen die Vereinbarkeit von Familie und Beruf ermöglicht werden.

Die zukünftige Forschung sollte sich neben der weiteren Einbeziehung der Väter, vermehrt auf die gesamte Elternzeit konzentrieren, da diese nicht nach 14 Monaten beendet ist. Vielmehr verändern sich die Schwierigkeiten im Laufe der Jahre und müssen bedacht werden, wenn das Vereinbarkeitsdilemma langfristig gelöst werden soll. Das Bundesministerium für Familie, Senioren, Frauen und Jugend scheint dies erkannt zu haben und versucht mit der Einführung des „ElterngeldPlus" 2015 die Vereinbarkeit zu erleichtern. Neben dem weiterhin beststehenden Elterngeld können Eltern, deren Kinder ab dem Juli 2015 geboren werden, diese auch mit dem Elterngeldplus sowie den Partnerschaftsbonus kombinieren. Diese Maßnahmen richten sich an Eltern, die frühzeitig in den Beruf zurückkehren möchten. Es gibt unterschiedliche Kombinierungsmöglichkeiten, gemein ist jedoch, dass sich die Elternzeit hierdurch bis zu 24 Monate verlängern und bis zum 8. Geburtstag des Kindes verschieben lässt. Wenn beide Elternteile parallel zwischen 25 und 30 Wochenstunden arbeiten, wird das Elterngeld um weitere vier Monate verlängert. Diese neuen Regelungen sollen Eltern mehr Zeit geben, sich in partnerschaftliche Aufgabenverteilung einzufinden und eine bessere Vereinbarkeit ermöglichen (vgl. Bmfsfj 2015: 11). Inwiefern sich diese Maßnahme positiv auf die Vereinbarkeitsproblematik und egalitärer Vaterschaft auswirkt, bleibt abzuwarten und zu untersuchen.

# 4 Literatur

BMFSFJ (2015): ElterngeldPlus mit Partnerschaftsbonus und einer flexibleren Elternzeit. Herausgegeben vom Bundesministerium für Familie, Senioren, Frauen und Jugend. Berlin.

Possinger, Johanna (2013): Vaterschaft im Spannungsfeld von Erwerbs- und Familienleben. ‚Neuen Vätern' auf der Spur. Wiesbaden: Springer VS Verlag.

Statistisches Bundesamt (2008): Elterngeld - eine erste Bilanz. Wiesbaden.

Statistisches Bundesamt (2013a): Elterngeld: Väterbeteiligung mit 27,3 % auf neuem Höchststand. Pressemitteilung Nr. 176/13 vom 27. Mai 2013.

Statistisches Bundesamt (2013b): Bevölkerung und Erwerbstätigkeit, Haushalte und Familien. Ergebnisse des Mikrozensus 2013. Fachserie 1, Reihe 3. Wiesbaden.

# BEI GRIN MACHT SICH IHR WISSEN BEZAHLT

- Wir veröffentlichen Ihre Hausarbeit, Bachelor- und Masterarbeit

- Ihr eigenes eBook und Buch - weltweit in allen wichtigen Shops

- Verdienen Sie an jedem Verkauf

## Jetzt bei www.GRIN.com hochladen und kostenlos publizieren